Sonata poétique

Es-Dur

Bibliografische Information der Deutschen Bibliothek:
Die Deutsche Bibliothek verzeichnet diese Publikation in
der Deutschen Nationalbibliographie; detaillierte
bibliografische Daten sind im Internet über
http://dnb.ddb.de abrufbar.

Herstellung und Verlag:
Books on Demand GmbH, Norderstedt

ISBN-13: 9783837057874

Zum Geleit

Der geneigte Leser betrachte die
einzelnen Texte weniger als selb-
ständig Gedichte, denn als Strophen
eines Ganzen – gleichsam einer
poetischen Sonate.

Allegro moderato

Wohin?

Sie waren ausgezogen,
Frühe auf der Stirn
wie in den Augen, und
um den Mund
des Lächelns Zuversicht.

Die Gestirne kreisen
der Mond
bestimmt
die Wasser zu ewigen Gezeiten.

Sie waren ausgezogen.

Täglich die Sonne
rückt in den Mittag sie
und wuchert ihr zu
was da lebt.

Wohin?
Wohin sind sie gezogen?
Den Blicken längst verloren
auch ihre Spur.

Landschaft des Herzens

Erz'ne Barren
zu Füßen und Steine
wilde Steine.

          Töricht die Sehnsucht
          nach der Zartheit und
          dem Duft der Blüten
          winziger auch
          oder die Erwartung des
          sanfteren Regens.

Vereinzelt Wolkenschwestern
weiß um
hoffnungslos wache Gipfel.

          Kristalltief nur
          ist Staunen.

Einst so

Ruderlaut
das Maß der
tieferen Stille.

Schatten
nur
Begegnung
und
Vorübergleiten.

Einst
so
der Tod.

          Wider das Auge der Zeit
Astgeäder
in den Vorwintertag
starr
und das Auge der Zeit
eingefangen im Netzwerk
mit dem Blick tödlicher
Langeweile gegen mich.
          Der Nebel zwischen
          den Buchenstämmen
          schließt ein Schweigen
          das niemand erbricht.
          Irgendwo wächst
ein Geheimnis, das mein Herz
anschlägt.
Aus dem Faulmoos
steigt es, aus dem Laubmoder
mit dem Ruch von Ursprung
von Spore, Pilz
und Haut, von Versenkung
von Wiedererstehen.
Irgendwer schützt das
als seines
aber es hat mich berührt
mein Herz schlägt davon –
          wider das Auge der Zeit
          wider den Blick der tödlichen
          Langeweile.

Aufgekündigt

Ich selbst war es, der
diesem Leben das Segel
herabriss. Ich reffte es
vor dem allzu raschen Wind.

Aufgekündigt habe ich
Richtung
und Ziel.
Ich treibe
ruderlos.

Den Tag ruf ich
aus des Wassers Spiegelung.
Ich geh an Versunkenes.
Ich suche die senkrechte Zeit.

Ein Ufer ist ja
gewiss: der Tod.

Haus für den Wind

Die Sterne der Nacht
durch leere Sparren
herab
und die schlagenden Fenster-
läden

verlassen

ich bin ein Haus für den
Wind.

Welche Einsamkeit!

Auf dunklen Wassern
mein Kahn
treibt Ufern zu er
dumpfer Traurigkeit.

Nicht vermag ich
das Ruder zu führen.

Die Schatten wachsen
auf gegen mich.
Schon

stößt zum Grund
lautlos der Kiel. –

Welche Einsamkeit!

Aber die Jahre

Ein Lied
wie sprengte es die
Sprödigkeit der Steine!

Wer setzte nicht zu Flügen an
suchte nicht irgend für sich
die Pole des Leuchtens?!

Aber die Jahre spinnen uns ein
immer unbeweglicher.

Ermannung

Dunkelgeschlossene
Nacht.

Fahnengewog aber
vor meinem Fenster
Stimmen des Aufbruchs.

Der Wald zieht nordwärts
gegen den Wind
und die Steine
deutlich vernehmbar
sie drängen bachauf ...

Meine Flagge
in euren Gesang, ihr da
draußen!
Und
zur Frühe bin ich genesen.

Rückkehr des Winters

Knospengliedrig fingert
auf
Gezweige
und fächert den Wind.
              Ich hebe meinen
              Pokal
              ins Licht.
Aber der Norden brach los.
Schwarzwolkig
naht
und schneewüst der
kriegerische Zug.

              Überleben
              schrillt
              ein einzig grüner Schrei.

Der alte Vater nur,
dass er den Kelch niedersetzte
und zurücktrat in
die Efeujahre.

Zwei sind

Zwei sind
voraus
die schicken ihr fernes Licht:

Jener, dass er
am Zeitsaum verglüht.

Dieser jenseits der Flüsse
geborgen, der taucht
aus dem Schattenland.

Äonentief
der erleuchtete Weg.

Am Grund

Ich rage
ein Wrack
aus tiefstem Grund.

Kein Schrei.

O Wünsche und Weh!
Der Herzspalt denn
unsäglich im Krampf des Erwehrens
und blutet doch aus.

Für immer bin ich
schweigend
umschlossen.

Die Schiffe über mir
ahn ich in
gleitenden Schatten.
Sie
haben ein Ziel.

Verharren

Voraus – es
dämmert Gelärm von Fackeln.

Suchet ihr hin! – Ich
taste die senkrechten
Wände der Zeit und
lausche...

Fernher erinnern Sommer
Laubspiele
die Wogenweise des Korns...

Ich sinne
Tropfen aus Gestein.
Verharren der
trächtigen Spinne.

Langsam doch
wächst
des Silbers Filigran.

Uns aber

Hirnkadaver
boulevardhin
schaufensteroffen auf-
gebockte Scham.

Steißblüten-
wunder
im Straßenschein.
Ach!

Uns aber
gaukelt Liebe
der große
traumflügelige
Schmetterlingstaumel.

Vorgefühl

Schon, dass die fruchtpralle Stadt
vergärt in den Straßen
öffentlich.

Ah, welch ein Duft
wenn der Schimmel wächst
der zivile Moder!
Welch ahnungstiefes Verwesen!

Schon sag ich Guten Tag
den Ratten –
im Vorübergehen Grüße
nach rechts
nach links ...

Ich habe ein sicheres Vorgefühl.

Torheit

Heilige Finsternis
ausgegossenes Schwarz um uns.

Sie aber
töricht
und tauchen den Finger ein
zu malen
und nennen's Weisheit
jene kindlichen Zeichen.

Im Krieg

Münzkraut
wuchernde Schlägerpleile
hirntrocken
zerspellt.
Kanaillen!

Lauft!

Schnauzstumpfes
Eisen im Vorwärtsgang.

Lauft! Lauft zu!

Hartkerne wütend zu
Fleischrissen.
Hurraaahhh!

Gottverlassen

Quadergefüg von
Riesenakkorden.

Orgeln
um mich
kuppelwärts
in
die Gottleere.

So auch ist
Wortgestein
das ich zwinge.

Und stets
um jeglichen Rufes Weite
allein.

Weh dir

Aber die Hüter des Alphabets
beflissen
von den Zinnen herab so
drunten vom Pfosten
jeglicher Tür.
Argwohn ihr Blick
auszuspäh'n nach der
Ordnung der Zeichen die Brust
und
weh dir
die Winkel deines Herzens.

Leben

O Heißquelle Herz
zu Sturzschäumen
wahnsüßer Krampf
Leben!

Stets mir zur Seite

Draußen hier
wo sich Mondlicht sammelt
über den späten Straßen ...
Du geh!
Lass die Stunde den Schritt
verhallen!
Blicke der Mauern
nachtoffen
und
der versteinten Rufe
düstere Geometrie.
Schlafende
in die Quader geschlossen
vertrauend
die glauben
den morgigen Tag.
Ein Schatten
stets mir zur Seite.
Kein Zeichen
dorther.
Hauchkälte nur
und Schweigen.

Allein

Jedem bleibt
die Angst
allein

der einzige
Stich
Freude.

Abschied

Doch es ist Abend geworden
uns
und die Sonne
hinter die Bäume gegangen.

Auch mein Schritt
verliert sich
irgend
in Fernen.

Mondgeleucht eines
Erinnerns, das aus
den Nächten des Vergessens
tritt.

Dort

Ein Aufenthalt ist

schattiger als
der Abend dieser Erde
kühler noch
als Brunnentiefen.

Einsamkeit
treibt
die stillen Wurzeln.

Dort hab ich
die Ewigkeit
für mich.

Ausverkauf

Ausverkauf! schreit meine Seele.
Ausverkauf!

Ach, dieser Jammerladen im
Düster seiner verhängten Jalousin!
Aus den Bottichen tritt die Lauge
aus den Fässern lange schon.
Sie stinkt von den Dielen.

Wer kommt um meines Plunders Willen?!
Feil biet ich alle
Götzen der Liebe und
die der Vernunft und
die des Vaterlands.
Billig! Billig! Billig!

Kehraus tanz ich
weinend
wütend. Kommt!
Kommt doch, ihr blöden Kunden!

Gewisse Tage

Das ist der Tag
so ganz
mich zu ertränken in
seiner Flut von Widrigkeiten
so ganz
mich aufzuhenken
am großen Fleischer—
haken seines Ekels.

Das Alter

Das Alter

geht

weite Wege

verlorene

im Ich.

Unsinn

Unsinn! blitzte es, und
der Donner brüllte: Unsinn!

Von den Wolken hallte es wider
und vom Meer: Unsinn!
Die Bäume nahmen den Ruf auf
und der Sand auch
und der Wind, und es
raunte, rauschte, rieselte:
Unsinn! Unsinn! ...

Der Mensch aber weihte diesen Blitz.
Und ob er ihn gleich
einen Furz Gottes wähnen muss –
Sinn! trotzt er.
Sinn!

Und hat nur Ohren für diesen
seinen eigenen Schrei.

O diese Zeit

Es sollte sein, dass
aus der Borke jedes Alterns
Güte sprosse
sanfte Hut, ein
wissendes Beschützen ...

O diese Zeit!
Ich sehne mich nach meinem Herd
zurück an den alten
Tisch der Väter.

Dieser Tag

Dieser Tag ist
ein verlorener.
Jede der Gestalten
die er heraufführt
finde ich zögernd umhüllt
und tretend
über Stufen der Leere.

Dieser Tag ist ein einziges
spärliches Verlöschen.
Ich gehe
ohne etwas aufzuheben.

Last der Schuld

Die Bäume kamen
in friedlichen Reihen.
Unsere Schlote aber
unsere Autos
entschälten und
stürzten sie.
Die Leichname lasten uns auf.

Mein Leben

So

   rinnen

      meine Tage

         zum Sand

            unmerklich

               mein Leben

                  versickerndes Wasser.

                  Einst spiegelte das

                     den schönsten Stern.

Verloren

Liederliches Weiß der Tag
gehüllt in alte Laken
nass
und die kalten Füße.

Mein Wille ein abgewelkter Strauß
irgendwo, dass ich ihn
verloren.

Larghetto

Der liebste Aufenthalt

...
O wie ich mich zurücksehne
in die Horizontweiten meiner
Heimat! Nach dem jahrhundertalten
Baum der Sprache dort
mit dem mächtigen Schirm-
gäest und der üppigen
vielblütigen Sinnigkeit –
meinem liebsten Aufenthalt! ...

Zuflucht

Zuflucht
die meine
nordischen Sees
Ufer der leisen Verse.
                    Vier
                    der Stillen
                    die ich entsiegle:
Verhüllt
den zögernden
Schritt des Morgens

                        Stirnschlag
                        den reinen
                        des Tags

      Lichtträume des
Abends
fern

            den Herzlaut
            seeversunkenen Schlafs.

        Ahnung nur
        die
        Laubfülle Ich.

Mitte des Lebens

Abseits steht mein Haus im
Mondkreis einer Wiese.

Juli der Städte das
liegt zurück.

Holunder stößt mir ins Fenster
der üppige Bruder
Schwalbengrüße zum Morgen.

Das Brunnenholz mein
selbst gewähltes Joch.

Abends
dem Haus zu
vom Waldsaum überholt mich
die Stille.

Wortverwandelt
Septemberträume des Reifens.

Der weiß noch

Einer
wäldertief
der geht einher
umlaubten Hauptes.
Er öffnet den Morgen
dem Vogelgeschrei
Lichtschwärme hinan.
        Beim Fingerhut
        der alten Märchenblume
        such ihn
        wo Sonnengräser duften.
        Rufschleier der Taube
        tiefenher
        verschatten die Stille.
Zur abendlichen Tränke
geht er
wortscheu – da
nimmt ihn die Dämmerung auf.
        Wäldertief der
        weiß noch den Frieden.

Burg Frauenstein

Mauerspalte ältester
Verwitterung.

Wir steigen den Eulenrufen
nach zu öffnen
das heimlichste Dunkel.

Spinngeweb enträtseln wir und
Wortsteinwuchs
Schatzgraben an den Wurzel-
grund.

Erschreckt dich der
Juli?

Wir fragen zurück zu wissen
wohin wir gehen.

Im Schattenmantel

Einkehr des Abends
da
schweigt der Wind.

Ansprache nun hält
der Baum
Urwuchs einer Kastanie
die Blätter lauschen nach innen.

Im Schattenmantel
dunkler und tiefer
Sammlung heißt die Stunde.

Unseres Tags Lärmkübel aber
stürzen wir
vergebens.

Regenweise

Vom Buchenhübel in Schleiern
der Regen
talwärts
der freundliche Gast
kommt
er trägt die Harfe voran.

Regenweise
Tropfengesang.

Melodisch
im Laub erblüht
das Adagio.
Tonverzauberte Welt.

Duftposaunen feiern
vom Wald.

Mozart, dorther
wo er lebt, träumt
ein glückliches Lächeln.

Unser Leben

Wortgerisp — so
sind Gedichte selbst
Herbarienlaub.

Unser Leben ist
mit dem Gras fort—
wucherndes Grün.

Es schreiben meine Hände
die Liebe dir
auf den Leib.

Der keusche Wahn

Augenweit
die blaue
Sehnsucht der Blüten.

Trunkenes Weiß.

Dass wir einen Zweig
herabgebogen zur
Unschuld an die
Lippen du
und ich.

Immer ach
der
keusche Wahn!

Sommerabend

Wann so der
Klang herüber—
weht vom jenseitigen Ufer

zarter Schein durch
Porzellan
Töne
des gesänftigten Lichts ...

O, der Schale gleich
zerbrechlich
jede dieser Stunden.

Auf dem Wilisch

Noch träumt der Berg.

Seitwärts aber neigen wir
leichter Hand die
Schalen seines Erwachens.

Geborgenes Grün.

Hainveilchen schatten herauf
und Sternröschenblicke.

Fernwolkig streift ein irdischer
Zug. Der Berg doch
schließt uns in seinen
Frieden.

Haben wir denn der Blitze
vergessen?

Berginnen nur
zeitlos
der Säulenschwur des Basalts.

Regen

Laub fällt vor
    dem Regen.
        Regenlaub.

            Schritte, eilig
                unter dem Hut.
                    Regenschritte.

                Weinendes Licht
                    zu Stein und Strauch.
                        Regenlicht.

                    Tropfennester.
                        Regengenist.

Buchenhübel

Filigranspiele
domhoch
Lichtgeflüster.

Gewölbe erweck ich
Schritt
um Schritt.
Ihr Buchen
ich bringe den Regen!

Aufschein
erblühender Kapitelle.

Um Säulen dort
dämmern
schöne Gedanken.

Sterndunkel

Auf seiner Abendfahrt
das Licht. Entfernt
hinab verglühen seine Segel.

Der erste grüne Stern
und wiesenhin
ein Schwanengeleucht.

Ich bin die einzige Unruh.

Tiefer schmiegt sich das Dorf
ins Tal – nun
da der Wald herabkommt un–
merklichen Schritts und
unter die Häuser tritt.

Hier senkt er das Zepter
und teilt sein Schweigen aus
sterndunkel.
Des alten Königs Majestät gegen
die Tagfieber unseres Wahns.

Sommergetön

Geschwisterspiele
von Laub
und Licht.

Den Lindenweg herab
weht
Sommergetön.

Blattlicht.
Lichtlaub.

Zum Schatten ein
Ranzenkind
das hat
sich an den Tag verloren.

O Abend

Glutsteilen des Sommers.
Tagblei.

O Abend, komm!
Um die Schläfen leg uns
das Laub deiner Kühle!

Schirm deine Ruh
uns
unterm Astgebreit!

Endlich.
Es fiedert der Nachtvogel
auf im Schrei.

Also beginnen wir
den Frieden
und wir betreten
die Höfe deiner Stille.

Altern

Spätlaub
im Blick dieser
letzten Sonne.

Die Fäden silbern aus.

O Wehmut eines
solchen Lächelns!

Im Juni

Die Monate ziehen
ins Jahr.

Aufglänzte
der Mai
im grünen Gefolge.

Juni breitet
die Segel ins Blau
der Sonnenrufer.
Lichtspuren fährt
die Abende entlang.

Ich aber suche
die Sehnsucht des Dufts
den Atem der Schmetterlinge.

Ich geh
an der Tage Schattenrand.

Im Januar

Die gläserne Kuppel
schweigt.
Eisnadeln
durchwachsen das letzte
schlagende Herz.
Ein Vogel
stürzt.
Winter
sein Grab.

März

Seine Buchen kommen
hügelab
durch das ausgegossene Licht.
Sie schlagen die Glocke
hell, dass
das Blau dröhnt.
Und Licht tropft
von den Zweigen.

Boulevard–Frühling

Da zieht der Flieder durch die
Straßen, vor ihm einher
wippende Blütenröckchen, duftende
Lilienbeine – Jugend
taumelt im Schmetterlingsspiel.

Des Abends aber singen die
Laternen, und es ist, dass
der Stein auf uns zu tritt in
milder Gewogenheit.

Frühling

Der große Heerzug des Südens
ist aufgebrochen. Von Spaniens
Küsten. Von der Heimat Meister
Breugnons. Er naht. Er zieht
in länderweitem Bogen.
Es ist ein Triumph. Alle
Blütenglocken läuten.
Alle Blattfahnen wehen.
Grünes Gewog. Getümmel.
Jubel aus Tausenden Vogelkehlen:
Sieg! Sieg! Sieg!

Baumblut

Es winkt
der Zweige Blütensüße
sie trägt der Wind.

Seid rosa gegrüßt
ihr Üppigen!
Seid schaumweiß gegrüßt!

Sterbender Tag

Eben stirbt der Tag. Die Nacht
löscht seinen letzten Streif.
Er ist über die Schwelle
getreten, fort
ins Gestern, wo
die Steine stehen in der Spur
menschlichen Erinnerns.

Sonntägliche Frühe

Lass uns diesen Sonntagmorgen begehen
wie eine Feier! Denn
die Frühe tritt auf uns zu
mit der Schale reinsten, blau—
vertieften Lichts.

Schon stehen die Bäume trunken davon
und springen die letzten
Hüllen der Nacht.

Wir wollen entgegennehmen diese
Schale und kosten von ihr
zu läutern uns bis auf die
reine Substanz dieses Lichts!

Ins Gestern

So schwindet die Hülle
   verlischt
      und der Abendstreif
         von mir
            die Milde
               geht
                  der schweigsame Mond.

            Offen über mir
               die Zeit
                  und Schritte
                     Höfe der Einsamkeit
                     in die Nacht.

               Ferne nur
                  der Saum
                     gestern
                        die versteinte Welt.

Regennacht

Diese Nacht weint.
Ich höre das leise
Schluchzen.

Über ihren Schmerz
gebeugt
ich sehe das Beben
der dunklen Schultern.
Es ist ein unsäglicher
Durst der Tränen.

Wir kennen nicht
das Leid deiner Mütter
o Erde!
Den schwarzen Urgrund
solchen Weinens.

Ich weiß nur die
Spur dieser Tränen.

Geläut der Stille

An diese Sommerstille, ihr Lieben, geht!
Sie hat ihr besonderes Geläut.

Lasst euch locken von ihm!
Ihr findet es allerorten
am Torpfeiler der lautesten Fabrik
im Angelpunkt der mächtigsten Glocke
im Mittag jeglicher Straße
in Steinwinkeln, im Herzen
selbst der Motoren ...

Manchmal dröhnt von ihm
der ganze Tag wie heute
und die Wiesen erzittern unter ihm
das Pappellaub, der südliche
Bogen des Waldes.

An des Lichts Stille geht, an dieses
Geläut, ihr Lieben! Ihr stoßt
auf euch selbst.

Sommer

Sommer wuchs mir
das südliche Geschöpf.
Geht durch die heißen Tage.
Breitet Regen und Gedüft.
Abende feiert bis in
die mondene Nacht.

Tritt im Lärmgewand seines
Lichts mir vor
den Hintergrund des Schweigens
wo meine Ängste sind.
Der Sommer.

Pfingsten, das liebliche Fest, ist gekommen ...

Setz deinen üppigsten Strauß, Kastanie!
Ihr Gänseblümchen, sternt
den Teppich zu Füßen!
Wipfelt ins Blau, meine schlanken Birken!
Flieder, wirf dich ins Licht! Wind
lass der Stille Glocken läuten!

Du aber, rosa schäumender Apfelbaum
reich uns einen Schoppen deiner
duftenden Blut zur
Feier des Grüns!

Silberstollen

Spalttiefe
hinab.
Du spürst es: Hier
schlägt der Puls der alten Erde.

Sie sind an das Silber gegangen
vorzeiten hier. Sie brachen
die heimlichen Adern auf.

Münder formte
das Jahrhundertschweigen.
Stimmen gehen um, geheimnis–
dunkles Wort. Ein Schauder
streifend
undeutbar mir ...

Ich traf aber einen Weißbärtigen
wie er hockte
im Eingang dort
erfahren zurückzulauschen.

Friedhof

Lange
einförmige Strophen
der Regen.

Die Inschrift
verblasst.
Der Stein.

Ich aber –

Der Vater
und heiteren Grußes
er winkt
er geht durch mein Erinnern.

Intermezzo

Urteilt
die ihr die Furcht nicht kennt
das Geducktsein unter den
Schrei der Sirenen –
ihr wisst von uns nichts.

Gespensterbahn

Dunkle Fahrt auf ängstlicher Bahn.
Was drängt da so dicht heran?!
    Was widrige Masken und Schranzen
    im Schein der Fackeln?!
    Ich seh sie tanzen
    mit hölzernen Köpfen wackeln.
Dunkle Fahrt auf ängstlicher Bahn.
Und unaufhaltsam zieht's mich voran.
    Was seh ich im düstern Schein
    den knochigen Tod
    mit der Hippe und dringt auf mich ein
    zu all meiner Not?!
Dunkle Fahrt auf ängstlicher Bahn
und steigert die Furcht zum Wahn:
    Was hör ich Wiehern und Äffen
    im Echo und Lachen?!
    Was Winzeln und Kläffen?!
    In Balken Gestöhn und Krachen?!
    Was plötzlich die ewige Uhr
    so gemahnend ticken?!
    Was aus der Sternenflur
    seh ich den Herrgott nicken?!
Dunkle Fahrt auf ängstlicher Bahn.
An den Tag! –
Wir kommen wohl nimmermehr an.

13. Februar 1945
        Des Menschen Stadt
        überantwortet
        dem Tod.
Nun ist's der furchtbare
Gang ins Feuer
Straße um Straße
Haus um Haus
dass sie versinkt
und die Flammen über sie schlagen.
        Ach, all ihr
        umhütenden Gemäuer!
        All ihr Stein-. und Gold-
        errichteten, ihr Gefäße
        so unwiderruflich schön!
    Ihr besonnten Villen!
    Ihr Brunnenplätze!
    Ihr Schwanenbrücken!
    Ihr abendlichen Linden!
O ihr Altragenden
ihr Rufer über die Dächer
jahrhunderther!
        O ungezählte, hoffnungs-
        trächtige Menschenwelt!
        Welch namenloser Schrei!
Ein solcher Untergang kennt
Worte nicht .
nur Sterben.

14. Februar

Uns war gegeben
an der Stätte der Kindheit
zu stehen, zu greifen
einzig den Rauch, der
aufstieg aus
der Asche unserer Habe.

Wer fällt den Richtspruch:
Rettung hier – dort
Tod?!

Doch die Sirenen
fuhren auf erneut:
Windspreu
Angstwind. –

Seht, wie wir entflohen!

Der Elterbruder

Im Antlitz jenes Tages
mit den rauchblinden Augen
und dem Zeichen der
Trauer auf der Stirn ...

        Der Frühling des Parks ist
        erloschen. Schweigen
        einer Gruft, das uns
        umfängt. –

Du großer, schwarz–
flügeliger Engel
erheb dich von jenem Toten
dass wir uns ihm nähern
und ihn erkennen!

Wohin?

Wir gehen
und lassen sie zurück
die Stadt mit den leeren
Augenhöhlen, die starre Tote ...

Der Frühling wirft weißes
Licht auf den Weg
händevoll. Er
kennt die Trauer nicht
auf die wir blicken.

Auch die Stadt hatte
ein Lächeln vormals
die dort erschlagen liegt ...

Wir wenden uns
zu gehen der großen
Frage nach – die ist
wo wir stehen bleiben.

Werwolf

Hoch reichte dieser Apriltag
als weiße Schirme dort an
ausgestreckter Hand trieben
und doch gerieten
unvermittelt in
den Trichter–
sog zur
Erde.

Um uns das Tal
das frühlingsscheue noch im ersten
Blick der Buschwindröschen ...

Doch der Tod
ist erweckt. Hier
sagt er, will ich
mich recken, will
Gestalt nehmen, furchtbar. Höhnen
will ich eures Entsetzens! –

Und es geschah
angesichts des Tals, der Blumen
der Kinder, die wir Zeuge wurden.

Massenquartier

Spreu hängt dir an
Tochter, und lehnst
an der Tür, in Händen zerbrochen
das Siegel des Schlafs.

Stiegst über die Lagernden gleich mir
tratest ihr Röcheln
unter den Fuß, die
Fäulnis ihres Atems.

Traumschwere der vielen
dem Wachenden lastet sie auf.
Und wendest dich
erstickst du
am Stroh.

Auch mich
schreckt die Ruhr.
Doch lass uns
von drinnen die Sterbende
tragen unter die
Reinheit dieser Sterne!

Tiefflieger

Weh euch, die ihr wagtet
den Schritt unter die
verratenen Himmel!

Auch auf uns
stieß
der geflügelte Töter.

Es hatte aber Gott
keine Wolke für uns
und keinen Spalt an der Erde:

Dies hier ist Menschensache.

Auch der Wald tat keinen
Schritt auf uns zu in seiner
Gerechtigkeit ...

Noch seh ich die Mutter
im Schrei und den großen
stürzenden Schatten —
noch neben uns das
blutende Gras.

Häftlingszug

Wir sind auf dem Weg. Alle
sind irgend auf dem Weg.

Ich sah aber, wie sich
der Tag verhüllte ganz
unvermittelt. Es nahte
ein Zug. Ein Saum von Asche
wie er vor die Sonne treibt.
Ein Keil in unser aller
Verstummen.

Die ihr beiseite gestanden
ihr sahet die Vögel
stürzen, die Unschuld
euch zu Füßen. – Ihr
schichtet eures Duldens
schweigende Säume abermals. –

Der Tag wird sich verhüllen.

Die Jüdin

Da war der Aufriss eines
jähen Hoffens
blitzhell
und also wagtest du
den Sprung in die Flucht
den ersten ungezählter
des Entkommens ...

Ach, dass wir dich
erschlagen fanden, das Blutmal
mitten auf der Stirn!

Noch
des Gedenkens ein-
geschriebenen Stein
umleuchtet Antlitzhelle.
Blickleuchtendes
umlebt:
Dies Hoffen.

Angsttote

Sturmflackern.
Windhall. Auffahrend
Licht vor dem Verlöschen.

Die alte Villa findest am Wald
wenn du steigst die Stufen
hinan den Weg der Laternen.

Das Gift aber kam mit dem Abend.
Es kam auf der Woge dunklen
Gerüchts und schrieb sein
Kreuz an jegliche Tür.

Der Morgen betrat
ein Totenhaus.
Angstopfer. Alle zwölf.
Man grub sie dort
unter die Bäume.

Die Fichten schlossen die
Reihen finstrer seither.
Sie teilen stummer Gebärde
das grabtiefe Schweigen.

Flugzeugwrack

Der Hai
den die Harpune
traf
der abdrehte an
blutdunkler Spur
haltlos
trudelnd ...
          Das Meer hat
          den Leblosen
          ausgespie'n.
     Wundklaffend. Da liegt
     der rumpfige Riese
     gestreckt
     zum Sand
     zerbrochen
     gerichtet.
               Jetzt
               ich ruf euch
               ihr Schnecken, ihr
               Krebse und Käfer
               Rächer des
               geschändeten Friedens
               jetzt
               dürfen wir über ihn.

Spiele

Was treibt ihr, Gespielen
ihr frühen Gefährten?!

Auf Schleichwegen
treff ich euch. Ihr kommt
in der Wehr von Messer und Beil!

Ich seh euch
im Kreise des Totenbaums
heiligen den dunklen Schwur!

Verachtung übt ihr
Feste der blutigen Rede!
O lärmender Nibelungen –
wahn!
Sagt, wo sollen
die friedlichen Sänger nisten?

Um eines Versteckes Willen
verletzt ihr das
Schweigen des silbernen Stollens.

Umsetzung

Du hast
vorbei gegraben, Junge.
Hier lieg ich verscharrt
seitlich. Schon
bröckle ich aus der Wand.

Ich bin ein Sergant gewesen
vormals, als die Welt
noch brannte.

Mein Kopf zuerst.
Gib Acht! Da
poltert er dir zu Füßen.

Schluck das Grauen hinunter!
Dein Werkzeug nimm!
Schaufle ihn über den Rand!
Getrost nur! Es ist ja nun
Frieden.

Andantino

con variazioni

Spätes Jahr

Meine sommerliche Geliebte
meine Linde
ich find sie verbuhlt dem Herbstwind
wie er fiebernder Finger
das Kleid ihr löst.
Ach!

Aber du selbst gehst ja einher
und das Leben raschelt um dich
in der Dürre seiner Gültigkeit.
Trägst eine müde Seele mit dir
und Frösteln durchschauert dich.

Fern hinter jenem südlichen Blau
wo jetzt der Wein reift
senkt sich weich und schmerzlich
der Schleier eines Klarinettentons.

Die roten Ebereschen
und die Asterngärten
die Äpfel im Laub sind
späte Winke nur, denn
die Schwalben flohen.

Wer kennte nicht dieses Lied
wenn die Erde aufbricht
und nach Winter duftet
diese absurde Liebe?!

Zeit nun, dass du
die Lieder deines Herzens vergräbst
Da ist ein altes Gemäuer
in dessen Umhütung mögen sie
zu grünem Efeu wuchern.

Jener Trunkene, wie er
nach seiner Behausung strebt
schleppt
einen langen Schatten.

Setz dir ein Licht
für den Abend
er dauert.

Vom Ufer

Fährboot des Lichts
horizontfern
in den Abend.

Ihm schick ich meine
Sehnsucht vom Ufer.

Und kann nicht nach
Hüter
ich
eines traurigen Glücks.

Erinnerung

Ferne Tage. Welch
jahrebreite Kluft!
Erinn'rung ist ein Kelch
von betörendem Duft.

Ich sehe zwei Tauben im Flug
gegen den Abend hin. –
Unser Hoffen ist Trug.
Unser Streben ohne Sinn.

Mitte des Lebens

Bräutliches Heidekraut
glitzernd betaut. –
August–Tant.

Hier findet mich sitzen
Vergängnis in Ritzen.
Verlodernder Brand.

Mein Stern

Mein Stern, dort wandernd
den Himmel hinab –
ein welkender Gedanke.

Aber

die unerfüllten Wünsche sind
die bleibenden. Wir
nehmen sie mit uns
ins Grab.

Immer so

Strahlenumwoben
zwischen den Wimpern
springt mir die Welt
ins Licht.

Prustend stößt sie
in Aktenbände
Schublade der Prinzipien
hustet Wirbel von Staub.

Immer
strahlenumwoben
springe die Welt mir
ins Licht!

Feierabend

Das war ein harter Tag.
Ich steh im Nachhall seines Lärms
und schirre meine Gedanken ab.
Ich lass sie gehen.
Mögen sie nun weiden! Es sind
die Gründe der Zufriedenheit
von sattem Grün.

Grabmüde

Himbeerfülle und Laub-
gerank.
Wann war das? Weit
flog der Gesang.
　　Regen jetzt geht durch den
　　leeren Dorn. Tränen
　　an Schlehenwimpern.
Was zeterst du
Holunder, schreist
mit den nackten Armen?
Der Tag lässt dich zurück.
　　Auf kahler Lichtung
　　sitzt
　　der Herbst. Längst
　　dass er die Sonne
　　nicht mehr glaubt.
Doch sein Vermächtnis?
　Da hebt er den Blick.
　Nach einem ersten Schneestreif
　schaut voraus
　er
　grabmüde.

Mondnacht

Der Mond hat sein Schimmergewand
gebreitet in die Nacht.
Ein Silbern an den Wipfeln.
Der Wald ist erwacht.

Die alten Gründe raunen.
Lichtverzaubertes Wort.
Auf schweben Märchenträume
an silbernen Strahlen fort.

Geburtstag

Ein Jahr sinkt wie ein Blatt
fast ohne Gewicht.
Solang wir im Laub stehen
zählt es nicht.

Herbstbild

Der Wind tanzt Wirbel.
Kreiselnder Staub.
Windwirbel kreisen.
Tanzendes Laub.

Wer trennte sie, die
Worte und die Dinge? ...

Zu klein
wir
für unser Gottsein
hier.

Immer öfter

Immer öfter
harrend
mein Blick, dass er
das Nächste nicht fasst –

ich sitz
an versiegter Quelle.

Winter

Des Nebels umschließende Hand.
Die nackten Äste starren.
Schweigendes Verharren.
Dulden bis an den Rand.

Was für ein graues Grämen!
Der erblindete Tag.
Lautloser Flügelschlag
wie Erstorbener Schemen.

Kein Wind zieht auf.
Niemand erlöset zum Licht.
Jegliche Stunde zerbricht.
Schweigen zuhauf.

Auf dem Fluss

Ein Loch
ins Eis gehackt
auf dem Fluss.
Hier
frier ich mich aus.

Wintertag

Reich der
Schneegewächse
stumm.

Sonnenfest.
Da umtanzt sie
das Licht.

Doch nimmer
dass es eines
erweckte zum Leben. –

O herzlose Königin!

Wenn es wintert

Erinnerungen das
glimmende Scheit.
Daran
wenn es wintert
und sitzen wir
und wärmen uns das Herz.

Zuversicht

Steininseln die grauen
Tage – einer
zum anderen.

Mein Schiff.

Doch hat es windgeblähte
Segel.
Und vorbei.

Abendglanz

Der Tag entfuhr
sein
loderndes Gespann.

Doch rückgewandt nochmals
blinkt
lichtwolkig ein Rufen
er.

Ich steh im
Glanz des Widerhalls.

Die Mutter

Zu spröde dieser Krug.
Der Leib
und der Geist
der kostbare Wein
vergoren.

Namenlos nun
zum Durst dieser Erde
dass wir ihn
verschütten.

Im Winter

Der Blick durch die Fensterscheiben
draußen
und immer das Schneegesicht.

O Kunst des Lächelns!
O Glaube!
Und beides hab ich nicht.

Inschrift

Die Rose neigt sich
der Abend
und verlischt.
Vergessen
heißt unser Grab.

Später November

Das graue Tuch
des Graus.
Und Winterruch.
Und aus.

Kein Auferstehn.
Dahin.
Das Weitergehn –
anderer Beginn.

Gebet

Ihr großen Heiligen, ihr
Mächtigen des Nordens!
Mit der Gleichmut von Ewigen
tretet ihr hin und zieht
eure tödliche Schleppe über
unser winzig gehütetes Leben!
In Ehrfurcht bitten wir:
Nur diesmal lasst uns
das Grün, die erste Fülle
nach so langen, kargen Monaten!
Diesmal nur!

Abenddämmerung

Das ist
wenn die rosa Pferde
galoppieren in den Lichtgrund
und ihr Hufschlag dort
verhallt.
Ihr Wiehern
im Flug
erweckt die Nacht.

Gegen Morgen

In Scherben die Nacht
zerspringend klirrt.
Wer lacht?
Der Tag ist geschirrt.

April

So wechselt
Kinderlaune:
Lachende Blicke
im Spiegel noch
der Tränenwimpern.

Ohne Hoffnung

Zukunft heißt nurmehr
der morgige Tag.
Und hinter mir
mein totgehäuftes Leben.

Traurigkeit

Ein Stein
in meiner Brust
und wächst an eurem Lachen
zu einem Klumpen dumpfer
Traurigkeit.

Am Gleitschirm

Luftbalkensitz
unter
dem Wolkenschirm.

Blicke des Adlers
herztrunken.

So
erdwärts
durchmisst die
Sonnenräume.

Regatta

Hör
den Sonnenschrei
herab
in Möwenstürzen aus
dem Wolkengefieder!
        Also blinkt
        die Sonnenhaut des Sees.
        Und sieh
        die Schar der
        Weißgeblähten
        schwangleitend vor
        dem Wind!
Blasbäckiger Äolis
freidienender Gin
heran!
        Im Sonnenschrei
        ich halte dir gleich
        die Schar der
        Weißgeblähten
        ich richte dir Steuer und Segel!
Schwangleitend
über die Sonnenhaut
des Sees
wir siegen
vereint.

Meine Kunst

Kostbarer Hände
ich schöpfe Licht
behutsam
ich trag es zur Stille.

Wir aber

Die Rose erblüht.
Der Stern verlischt.

Wir aber
gehen fremde Wege
bittere
und trägt doch mit sich
ein jeder seines Herzens Traum.

Aprilgeschwister

Blauen Saphir
der Himmel schenkt.
Diamanten der
Regen sprengt.
Smaragden–Grün zu Tages
strahlendem Lüster. –

Aprilgeschwister.

Bach in der Russigmühle

Tischgelärm
im Wirtsstubenschein.

O Abend der Bäume!

Doch uns ist ein Dach ge-
breitet. Es hüllt uns
gemütlicher Qualm.

Kriechspur Menschenglück.

Plötzlich geht der Bach
im Raum, Johann Sebastian
gemessenen Schritts –
andante.

Flüstern aber:
Wer hob die rauch-
schwere Decke auf?

Der ging ließ uns
dem Himmel offen, dem
milden Gestirn der Nacht.

Balaton

Ebenen –
weite Wasserhaut.

Rufe
weißwolkig.
Weinbergschimmer. Goldene
Blicke zum See und
segelfern
gespiegelte Sommergrüße.

Uferhin regt
ein Schauder das Schilf –
windverloren die Seele
des ertrunkenen Kahns.

Doch das bleibt Sache
von Wasser und Rohr.

Wir schwimmen
vertrauend frei. Uns
begegnet der See
mit wellenweicher Anmut.

Paradiesessäume!

Gottesacker

Mauerumfriedet im
Efeuwuchs spruch-
gemeiseltes, stein-
gehütetes Gestern.

Die Dorfglocke schreckt
ein schepperndes Flügelschlagen ...

Doch der Abendstrahl
er wandelt zur Milde.
Amen.

Jener dort
unter Bäumen hin
unwiderruflich
er geht von mir.

Vergängnis

Ebereschenrote Säume
nun
jenseits der Gewitter.
Septemberdurchleuchtetes
Verwehen.

O diese Färbung ins Laub!

Verwandlung des Grases.
Rückwärts blickend die
Efeujahre.
Doch zwischen Steinen
zu Füßen es
wächst
das lautlose Moos.